A MM les Instituteurs.

LE CHANT

DANS LES ÉCOLES

ou

Petite méthode de Musique vocale et de
Plain-chant,

par

C. Duluc,

Professeur à l'École normale de Nancy.

1868.

Nancy,

Chez Nicolas Grosjean libraire, place Stanislas 7.

Imp. L. Christophe, Nancy

À MM. les Instituteurs.

—

LE CHANT

DANS LES ÉCOLES

ou

Petite méthode de Musique vocale et de
Plain-chant,

par

C. Duluc,

Professeur à l'École normale de Nancy.

—

1868.

—

Nancy,
Chez Nicolas Grosjean, libraire, place Stanislas 7.

—

Avertissement.

C'est pour répondre au désir exprimé par un grand nombre d'Instituteurs, que nous publions cette méthode de chant. Certes, les ouvrages en ce genre ne sont pas défaut, mais de l'aveu des hommes d'expérience, ils conviennent peu aux enfants des écoles primaires, soit parce que le prix en est trop élevé, soit parce que la théorie qu'ils renferment n'est pas à la portée de jeunes intelligences.

Pour parer à ces inconvénients, nous avons renfermé dans quelques pages les notions les plus indispensables, suivies d'exercices faciles et gradués, et nous nous sommes chargé nous même de l'autographie, afin de diminuer les frais d'impression.

Cette méthode est divisée en deux parties: 1° la musique vocale en 18 leçons; 2° le plain-chant en 8 leçons; et en lisant le texte, on remarquera qu'elle ne s'adresse pas seulement aux intelligences d'élite; par sa simplicité elle convient aux petits comme aux grands, et si, dès qu'ils savent lire, les enfants en étudient les réponses, et en travaillent les exercices, ils arriveront bientôt à chanter des mélodies

faciles. Alors, partout il pourra s'établir des sociétés
chorales qui donnent toujours d'excellents résultats, et
surtout de petites maîtrises dont les membres,
les dimanches et les jours de fêtes, seront heureux de
se réunir, aux offices, pour chanter en chœur les
louanges du Tout-Puissant.

————————

Première partie.

Musique vocale.

1ère Leçon.

Définitions.

1. Qu'est-ce que la Musique ?

La Musique est l'art d'émouvoir l'âme par la combinaison des sons.

2. Qu'est-ce que la notation ?

La notation, ou écriture musicale, est la manière de représenter un chant par des signes.

3. Quels sont ces signes ?

Ces signes sont : les notes, la portée, les clefs etc.

4. Qu'est-ce qu'une note ?

Une note est un signe qui indique deux choses : 1° le degré d'élévation 2° la durée d'un son.

5. Combien y a-t-il de notes ?

Il y en a sept ; on les appelle :

do, re, mi, fa, sol, la, si.

1   2   3   4   5   6   7

6. Qu'est ce qu'une gamme ?

Une gamme est une série de sept — sons auxquels
on ajoute le 8ᵉ qui n'est — que la répétition du 1ᵉʳ
seulement — il est — plus aigu (haut).

7. Chantez la gamme de DO

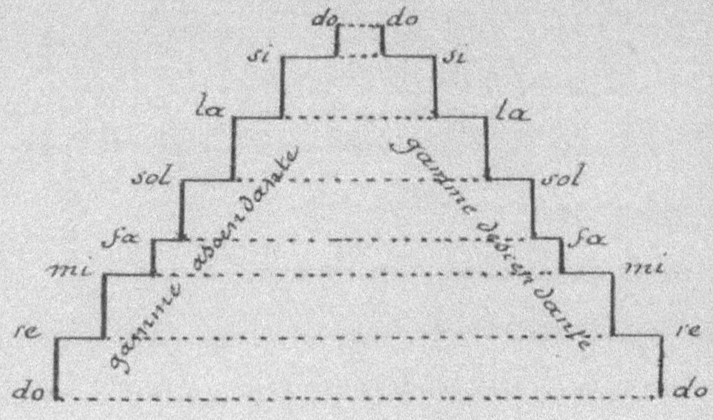

2ᵉ Leçon.

Figures de notes — Portée — Clefs.

1. Combien y a.t.il de figures de notes ?
Sept — :   1ᵉ la ronde ○
        2ᵉ la blanche ♩   3ᵉ la noire ♩
    4ᵉ la croche ♪   5ᵉ la double croche ♬
6ᵉ la triple croche   7ᵉ la quadruple croche

2. Qu'est-ce que la portée ?

C'est la réunion de cinq lignes parallèles et horizontales sur lesquelles on écrit les notes.

portée.

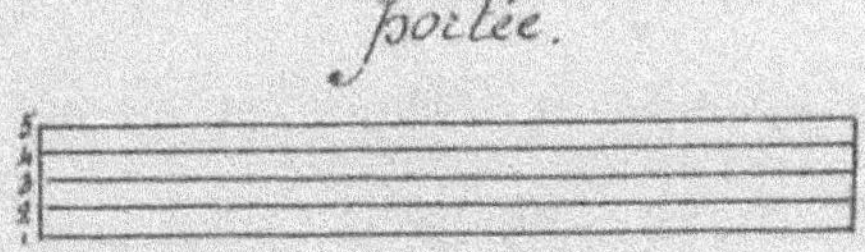

3. Comment compte-t-on ces lignes ?

On compte ces lignes en commençant par le bas.

4. Ces cinq lignes suffisent-elles toujours ?

Lorsqu'on veut écrire sur la portée les douze degrés qui forment le diapason (1) ou étendue d'une voix ordinaire, on emploie des lignes supplémentaires.

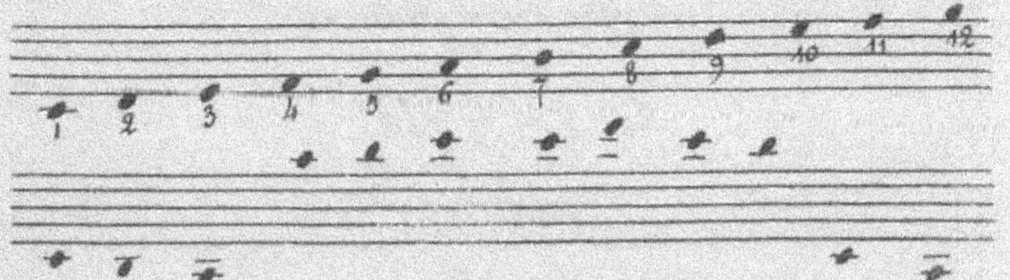

5. Qu'est-ce qu'une clef ?

C'est un signe que l'on place au commencement de la portée pour indiquer le nom des notes.

6. Combien y a-t-il de clefs ?

---

(1) On appelle aussi diapason un instrument d'acier dont les deux branches en vibrant donnent le son la.

Il y a trois clefs : 1ᵉ la clef de fa ; 2ᵉ la clef de do,
3ᵉ la clef de sol.

clef de **FA**.   clef de **DO**.   clef de **SOL**.

7. Qu'indiquent ces différentes clefs ?

La clef de fa, qui se place sur la 4ᵉ ligne, indique
que la note qui est sur cette ligne se nomme fa.

La clef de do, qui se place sur les quatre premières
lignes, indique que la note qui est sur l'une de ces
lignes s'appelle do.

La clef de sol, qui se place seulement sur la 2ᵉ
ligne, indique que la note qui est sur cette ligne se
nomme sol.

―――――――――

Les élèves copieront ce qui suit.

3ᵉ Leçon.

Valeur des notes — Silences

1. Quelle est la valeur des notes ?

La ronde vaut deux blanches ou quatre noires ou huit croches etc : ○ = ♩♩ ou ♩♩♩♩ ou ♪♪♪♪♪♪♪♪

La blanche vaut deux noires ou quatre croches ou huit doubles croches etc : ♩ = ♩♩ ou ♪♪♪♪ ou ♪♪♪♪♪♪♪♪

La noire vaut deux croches ou quatre doubles croches ♩ = ♪♪ ou ♪♪♪♪ ou ♪♪♪♪♪♪♪♪ etc

2. Quelle est la valeur du point placé après une note ?

Le point placé après une note vaut la moitié de cette note ; lorsqu'il y a deux points, le second vaut la moitié du 1ᵉʳ ; ainsi une ○· = ○♩ ; une ♩· = ♩♩ ; une ♩· = ♪♪ etc ; une ○·· = ○♩♪ ; une ♩·· = ♪♪♪ etc

3. Qu'est-ce qu'un silence ?

Un silence est un signe qui indique que l'on doit interrompre le son.

4. Combien y a-t-il de silences ?

Il y en a sept — : 1ᵒ la pause — ; 2ᵒ la demi-pause — ; 3ᵒ le soupir ; 4ᵉ le demi-soupir ; 5ᵒ le quart de soupir ; 6ᵒ le $\frac{1}{8}$ de soupir ; 7ᵉ le $\frac{1}{16}$ de soupir .

5. Quelle est la valeur des silences ?

Les silences ont entre eux, la même valeur que les notes ; ainsi la pause vaut deux demi-pauses quatre soupirs etc. Il en est de même des points placés après les silences.

Silences		Notes.
1° la pause	correspond à la	𝅝
2° la demi-pause		𝅗𝅥
3° le soupir		♩
4° le demi-soupir		♪
5° le quart de soupir		♬
6° le 1/8 de soupir		
7° le 1/16 de soupir		

Les élèves copieront ce qui suit.

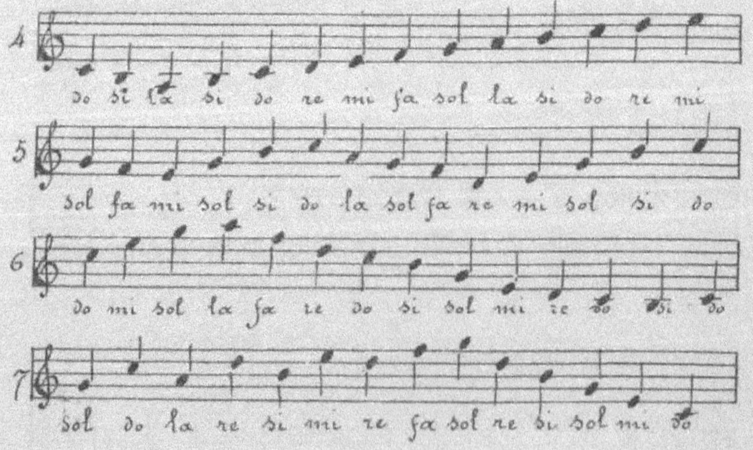

4ᵉ Leçon.

Voix.

---

1. Pourquoi y a-t-il plusieurs clefs?

Parce qu'il y a plusieurs espèces de voix.

2. Quelles sont ces voix?

1º la voix grave ou basse, qui se sert de la clef
de fa

2º la voix intermédiaire, qui se sert de la clef de
do

3º la voix haute ou aiguë, qui se sert de la
clef de sol.

3. Où place-t-on les silences?

On place les silences sur la portée, seulement
pour distinguer la pause de la demi-pause, on
écrit la 1ʳᵉ au-dessous de la 4ᵉ ligne et la 2ᵉ au-
dessus de la 3ᵉ

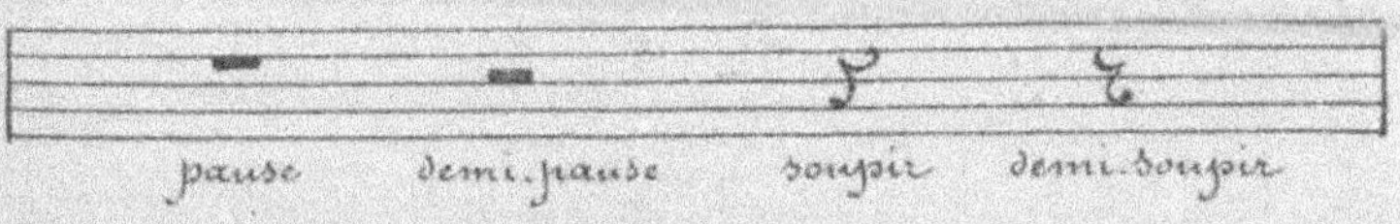

Les élèves nommeront les notes suivantes.

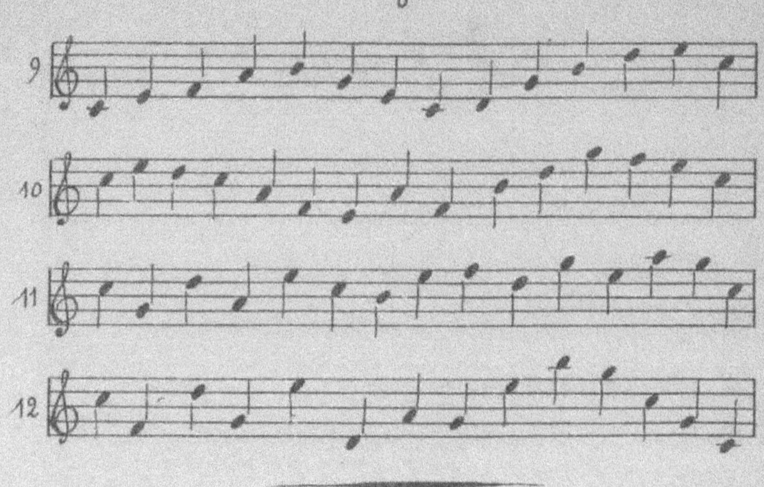

5ᵉ Leçon.

Intervalles.

1_ Qu'est-ce qu'un intervalle ?

C'est la distance qu'il y a entre deux sons.

2_ Les sept intervalles do-re, re-mi, mi-fa, fa-sol, sol-la, la-si, si-do sont-ils égaux ?

Parmi ces sept intervalles, il y en a deux (3_7) qui ne valent que la moitié des autres.

3_ Quels sont ces deux petits intervalles ?

Ces deux petits intervalles, appelés demi-tons, sont entre les notes mi-fa et si-do (voir la gamme de la 1ʳᵉ leçon)

4 - Quels sont les cinq grands intervalles ?

Les autres intervalles appelés tons sont formés par

les notes do-re, re-mi, fa-sol, sol-la, la-si

5 - Combien trouve-t-on de tons et de demi-tons dans

la gamme ?

Dans la gamme il y a 5 tons et 2 demi-tons.

6 - Comment nomme-t-on l'intervalle formé par

deux notes successives ?

L'intervalle formé par deux notes successives,

comme do-re, re-mi etc, s'appelle seconde.

Les élèves chanteront ce qui suit, lentement, à

mi-voix et en s'arrêtant à chaque virgule.

6ᵉ Leçon.

Intervalles - (suite).

1. Comment nomme-t-on l'intervalle formé par 3 notes?

L'intervalle formé par trois notes comme do. mi, re-fa, mi-sol etc se nomme tierce.

2. Par 4 notes?

Quarte.

3. Par 5 notes?

Quinte.

4. Par 6 notes ?

Sixte

5. Par 7 notes ?

septième

6. Par 8 notes ?

Octave   (1)

_ Exercices sur les tierces _

---

(1) Le maître obligera les élèves à trouver le nom des
intervalles formés par 2 notes quelconques.

Quartes.
29
30
31
32
33
Quintes.
34
35
36
37
38
39

(1) *Exercices sur l'accord parfait*

7ᵉ Leçon.

Accidents.

1. Qu'appelle-t-on accidents

Les accidents sont — des signes que l'on place devant
les notes, pour les hausser ou les baisser d'un
demi-ton.

2. Combien y a-t-il d'accidents ?

(1) L'accord parfait est formé de trois notes placées
de tierce en tierce. Avant d'exécuter un chant, il faut
solfier l'accord parfait de la tonique (Voyez la 15ᵉ leçon)

Il y a trois accidents :

1° le dièse # qui hausse la note d'un demi-ton.

2° le bémol b qui la baisse d'un demi-ton.

3° le bécarre ♮ qui la remet dans son ton naturel.

On emploie aussi le double dièse ✕ et le double bémol bb.

Exercices sur les accidents.

8.ᵉ Leçon.

Accidents (suite)

1. De combien de manières emploie-t-on les accidents ?

On emploie les accidents de deux manières :

1.º à la clef ; 2.º dans le courant du morceau.

2. Quel est l'effet des accidents placés à la clef ?

Les accidents placés à la clef, haussent — ou baissent toutes les notes du même nom, tandis que dans le courant du morceau, ils n'altèrent que les notes de la mesure (Voyez la leçon suivante) dans laquelle ils sont placés.

3. Combien peut-on mettre d'accidents à la clef ?

On peut mettre à la clef jusqu'à sept — accidents ; les dièses # se placent de quinte en quinte en montant en commençant par **FA** et les bémols de quinte en quinte en descendant en commençant par **SI**.

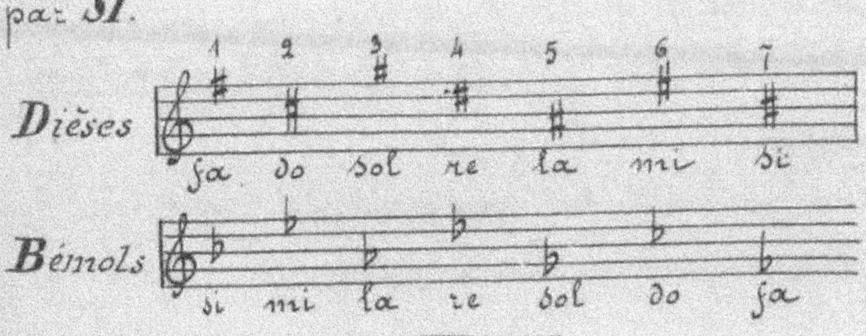

Exercices sur les accidents :

9ᵉ Leçon.

Mesure.

---

1. Comment indique-t-on la durée d'un son ?

Par la mesure.

2. Qu'est-ce que battre la mesure ?

C'est faire avec la main des mouvements égaux appelés temps.

3. Combien y a-t-il de manières de battre la mesure ?

Il y en a trois : à 2 temps, à 3 temps, à 4 temps.

4. Comment bat-on la mesure à 2 temps ?

On frappe le 1er, on lève le 2e.

5. Comment indique-t-on la mesure à 2 temps ?

Par un $\mathtt{C}$ barré ou un 2 ou par $\frac{2}{4}$ ou $\frac{2}{8}$ ou $\frac{6}{8}$.

6. Que faut-il pour remplir chacune de ces mesures ?

Dans la mesure indiquée par 2 ou $\mathtt{C}$, il faut une ronde et une blanche pour chaque temps.

Dans la mesure à $\frac{2}{4}$, il faut une blanche, et une noire pour chaque temps.

Dans la mesure à $\frac{2}{8}$, il faut une noire, et une croche pour chaque temps.

Dans la mesure à $\frac{6}{8}$, il faut une blanche pointée, et une noire pointée pour chaque temps.

mesure à 2 temps

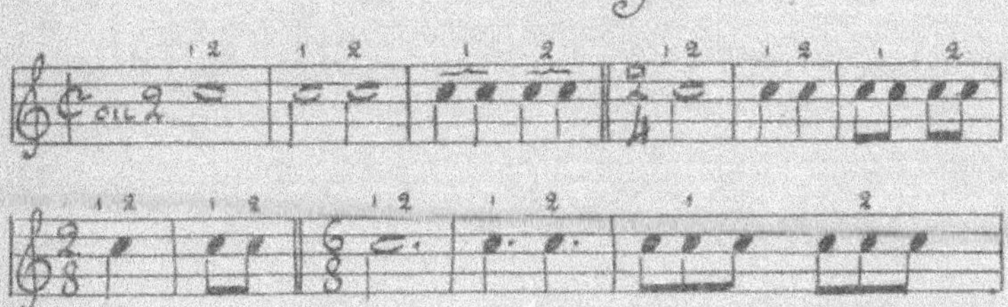

7. Comment sépare-t-on les mesures d'un chant ?

On sépare les mesures d'un chant par des lignes verticales appelées barres de mesure.

Exercices sur la mesure à 2/4

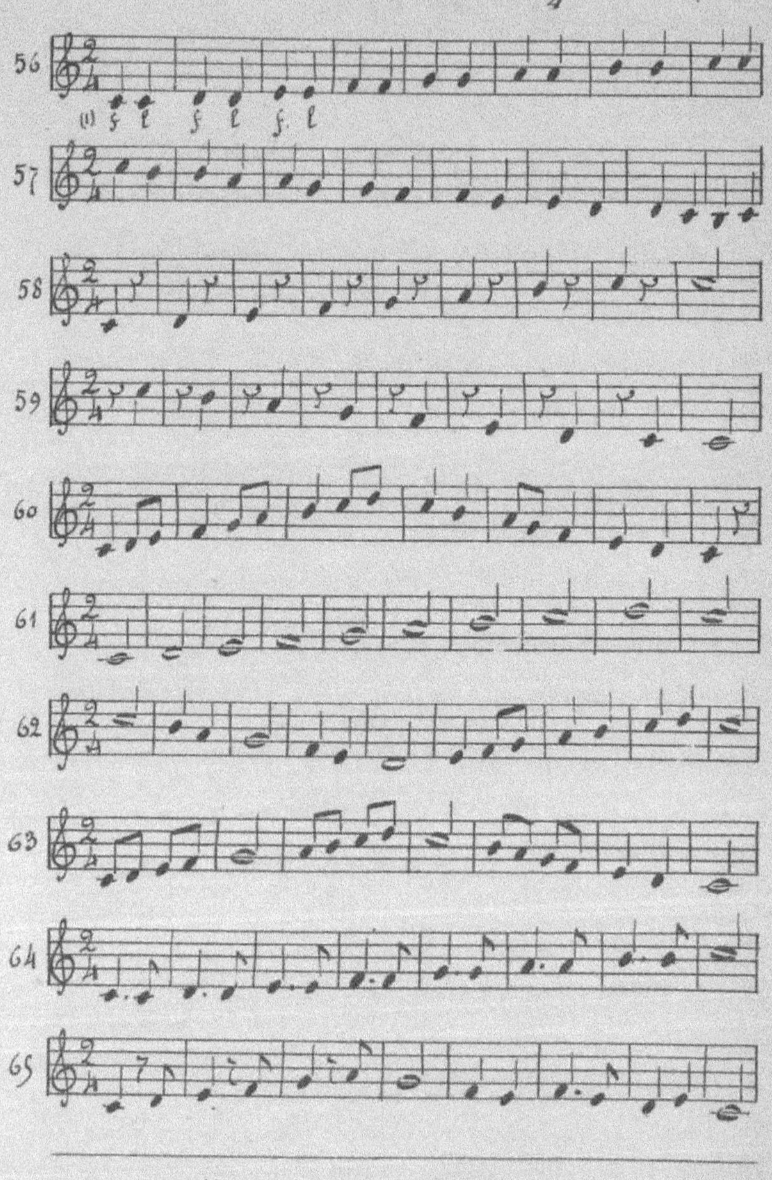

(1) frapper, lever.

10.ᵉ Leçon.

Mesure (suite)

---

1. Comment bat-on la mesure à 3 temps ?

Pour battre la mesure à 3 temps, on frappe le 1.ᵉʳ,
on fait le 2.ᵉ à droite, u— on lève le 3.ᵉ

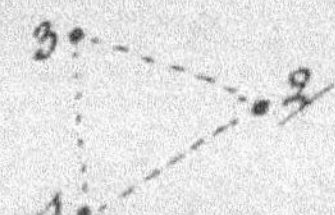

2. Comment indique-t-on la mesure à 3 temps !

Par un 3 ou par $\frac{3}{4}$ ou $\frac{3}{8}$.

3. Que faut-il pour remplir chacune de ces mesures?

Dans la mesure indiquée par 3 ou $\frac{3}{4}$, il faut une
blanche pointée, et une noire pour chaque temps.

Dans la mesure à $\frac{3}{8}$, il faut une noire pointée,
et une croche pour chaque temps.

mesure à 3 temps.

Exercices sur la mesure à $\frac{3}{4}$.

11ᵉ Leçon.

Mesure (suite)

---

1. Comment bat-on la mesure à 4 temps ?

On frappe le 1ᵉʳ, on fait le 2ᵉ à gauche, le 3ᵉ à droite, et on lève le 4ᵉ.

2. Comment indique-t-on la mesure à 4 temps ?

Par un C ou par 4.

3. Que faut-il pour remplir la mesure à 4 temps ?

Il faut une ronde, ou une noire pour chaque temps.

mesure à 4 temps.

4. Qu'est-ce qu'un triolet ?

Le triolet est un groupe de trois notes n'ayant que la valeur de deux de même figure. Dans l'écriture musicale le triolet s'indique par un 3.

Exercices sur la mesure à 4 temps

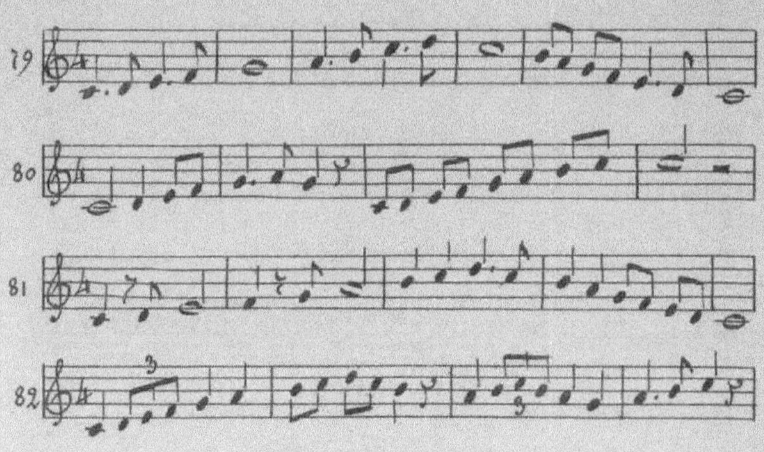

12.e Leçon.

Mouvement.

---

1. Qu'est-ce que le mouvement ?

C'est le degré de lenteur ou de vitesse qu'on donne
à un chant.

2. Comment indique-t-on le mouvement ?

Au moyen d'un instrument appelé métronome
ou par des mots italiens dont voici les principaux :

Lento .... lent.   ad libitum ... à volonté.

Adagio .... posément.   con anima . avec âme.

Allegro ...... gai.   con fuoco ... avec feu.

Presto .... vite.   molto ...... beaucoup.

13ᵉ Leçon.

Intervalles majeurs et intervalles mineurs

1. Qu'est-ce que la gamme diatonique ?

C'est la gamme qui renferme 5 tons et 2 demi-tons

2. Comment nomme-t-on la gamme qui renferme

12 demi-tons.

On la nomme gamme chromatique.

Gamme chromatique.

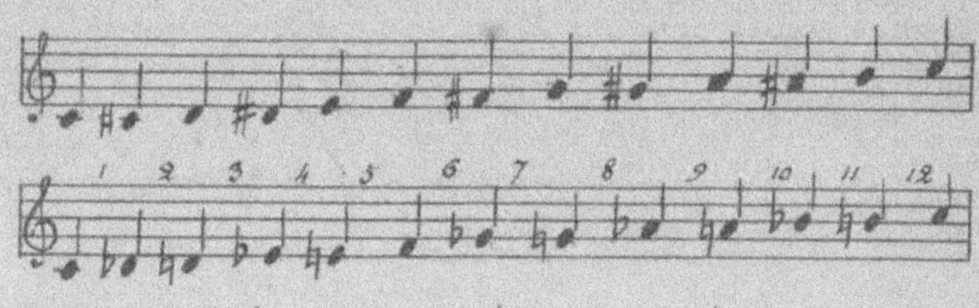

3. Quelle différence y a-t-il entre un intervalle majeur et un intervalle mineur ?

L'intervalle majeur renferme un demi-ton de plus que l'intervalle mineur.

4. Qu'est-ce qu'une seconde majeure ?

C'est celle qui renferme un ton (do-re, re-mi)

5. Qu'est ce qu'une seconde mineure ?

C'est celle qui ne renferme qu'un demi-ton. (mi-fa)

6. Qu'est-ce qu'une tierce majeure ?

C'est celle qui renferme deux tons (do-mi, fa-la)

7. Qu'est-ce qu'une tierce mineure ?

C'est celle qui ne renferme qu'un ton et un demi-ton (re-fa, mi-sol)

Exercices.

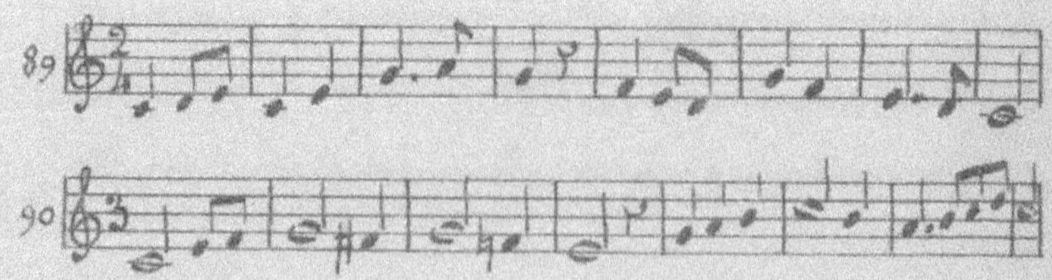

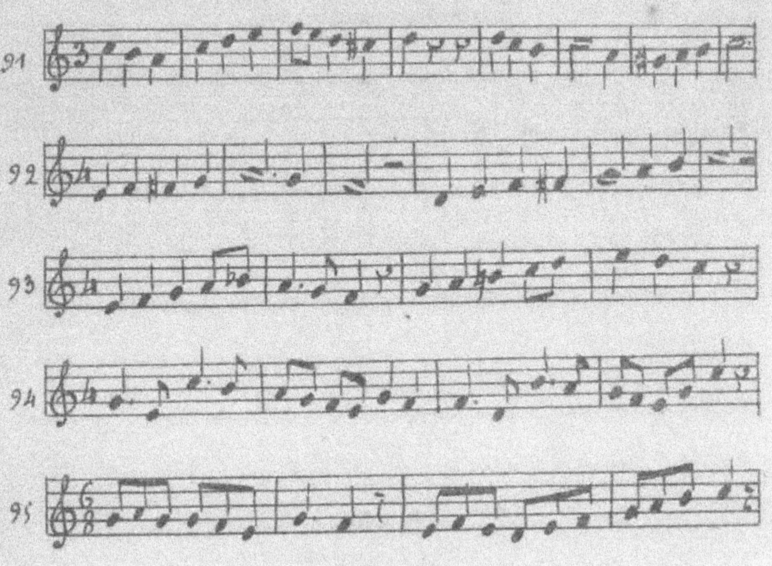

14ᵉ Leçon.

Modes.

1. Qu'est-ce qu'un mode ?

On appelle mode, la manière de placer les tons
et les demi-tons dans une gamme.

2. Combien y a-t-il de modes ?

Deux : 1ᵉ le mode majeur ; 2ᵉ le mode mineur.

3. Quand le mode est-il majeur ?

Le mode est majeur lorsque le 1ᵉ demi ton est du
3ᵉ au 4ᵉ degré, et le second demi ton du 7ᵉ au 8ᵉ.

Gamme majeure

4 - Quand le mode est-il mineur ?

Le mode est mineur lorsque le 1er demi-ton est du 2e au 3e degré, et le second demi-ton du 5e au 6e ou du 7e au 8e.

5 - La gamme mineure n'a-t-elle pas quelquefois 3 demi-tons ?

Lorsque la gamme a 3 demi-tons, le 1er est du 2e au 3e degré, le 2e demi-ton, du 5e au 6e et le 3e du 7e au 8e degré.

Gamme mineure.

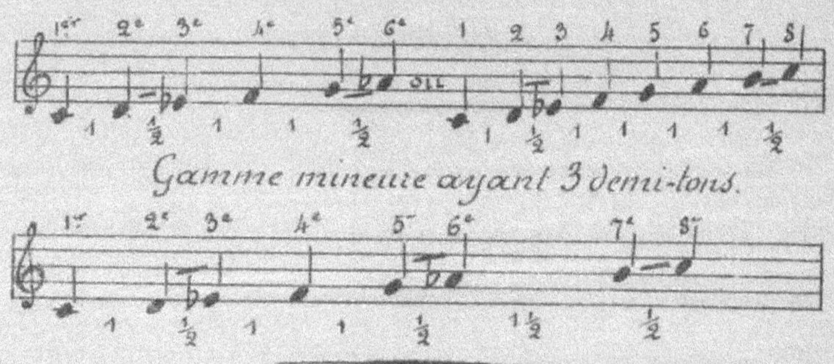

Gamme mineure ayant 3 demi-tons.

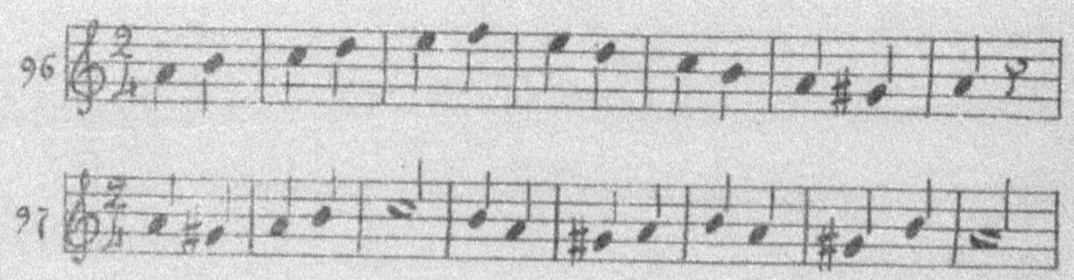

Exercices sur le mode mineur.

96

97

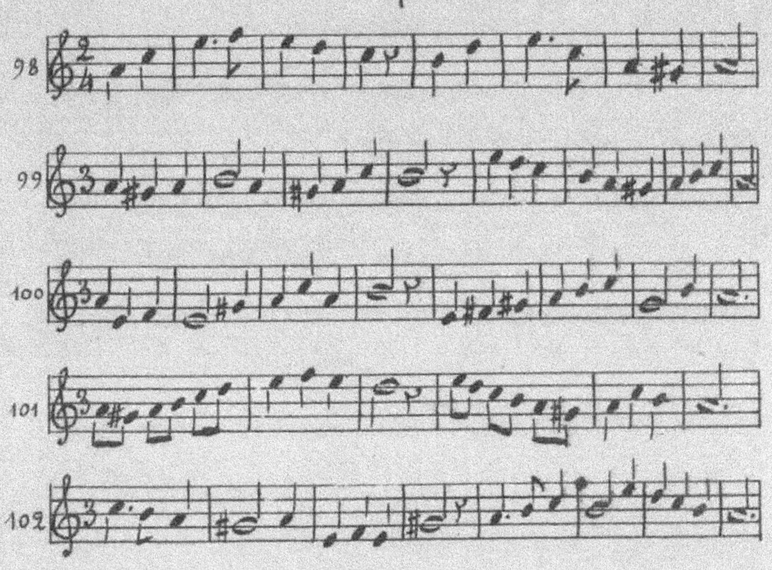

15ᵉ Leçon.

Modes (suite)

1. Comment appelle-t-on la 1ʳᵉ note d'une gamme?

On l'appelle tonique.

2 _ La 5ᵉ ?

Dominante

3 _ La 7ᵉ ?

Sensible.

4. Ne peut-on commencer une gamme que par do?

Une gamme peut _ avoir pour tonique une note

quelconque.

5. Combien y a-t-il de gammes ?

Il y a 12 gammes majeures et 12 gammes min.ᵉˢ

Voici les plus employées :

6. Parmi ces gammes n'y en a-t-il pas qui ont les mêmes accidents à la clef ?

Il y a do majeur et la mineur, sol majeur et mi mineur etc ; ces gammes sont appelées gammes relatives

————

Exercices en SOL majeur

16.e Leçon.

Manière de trouver la tonique d'une gamme

1_ Comment trouve_t_on la tonique d'une gamme majeure d'après les accidents placés à la clef ? Si ce sont_ des dièses, la tonique est_ indiquée par le degré qui suit_ le dernier dièse ; par exemple si le dernier dièse est fa, la tonique est_ sol etc. Si ce sont_ des bémols, la tonique est_ indiquée par le 4.e degré au dessous du dernier bémol ; ainsi, si le dernier bémol est_ si, la tonique est_ fa (si^1 la^2 sol^3 fa^4)

2. N'y a-t-il pas un autre moyen pour trouver la tonique lorsque l'armure se compose de plusieurs bémols ?

Lorsqu'il y a plusieurs bémols à la clef, la tonique est indiquée par l'avant-dernier ; par exemple, si l'on voit trois bémols à la clef, on a la tonique Mi♭ (si♭ _mi♭_. la♭)

Exercices en fa majeur.

17ᵉ Leçon.

Nuances – notes d'agrément.

———

1. Qu'appelle-t-on nuances ?

Les nuances sont – des modifications dans la force ou la durée du son.

2. Comment indique-t-on les nuances ?

Par des mots italiens ou par des signes.

mots italiens	Abréviations	significations
con exprezzione	con exp	avec expression
dolce	dol	doux
forte	f	fort –
piano	p	doux
mezza-voce	m.v	à demi-voix
legato	leg	lié
crescendo	cresc	en augment.ᵗ
decresc	decres	en diminuant

3. Qu'appelle-t-on notes d'agrément ?

Ce sont des notes que l'on ajoute à un chant – pour l'orner.

4. Quelles sont ces notes ?

1ᵉ l'appoggiature, 2ᵉ les petites notes, 3ᵉ les fioritures etc

———

Exercices en l'C majeur.

18ᵉ Leçon.

Liaison. renvoi. reprise etc

1. Qu'est-ce qu'une liaison ?

C'est un trait que l'on met au dessus de plusieurs notes, pour indiquer qu'on doit les chanter sans respirer.

exemple:

2 _ Qu'est-ce qu'une reprise ?

Ce sont deux barres qui coupent la portée ; ces deux barres sont précédées de deux points si l'on doit recommencer ce qui est avant, et suivies de deux points si l'on doit chanter deux fois ce qui est après.

reprise

3. Qu'est-ce qu'un renvoi ?

C'est un signe ❋ qui indique qu'on doit reprendre où il se trouve, quand on le rencontre une 2ᵉ fois.

4. Qu'est-ce qu'un point d'orgue ?

C'est un signe ⌒ que l'on met au dessus d'une note pour indiquer qu'on peut prolonger le son de cette note à volonté.

5 _ Que signifient les points et les virgules dont les notes sont quelquefois surmontées ?

Une note surmontée d'un point (♩̇ ♪̇) ne conserve que la moitié de sa valeur (♩̇ = ♪ ; ♪̇ = ♬) ; si elle est surmontée d'une virgule (♩̓ ♪̓) elle n'en conserve que le quart : ♩̓ = ♬.

Exercices en la majeur.

Exercices en mib majeur

La Fête-Dieu.

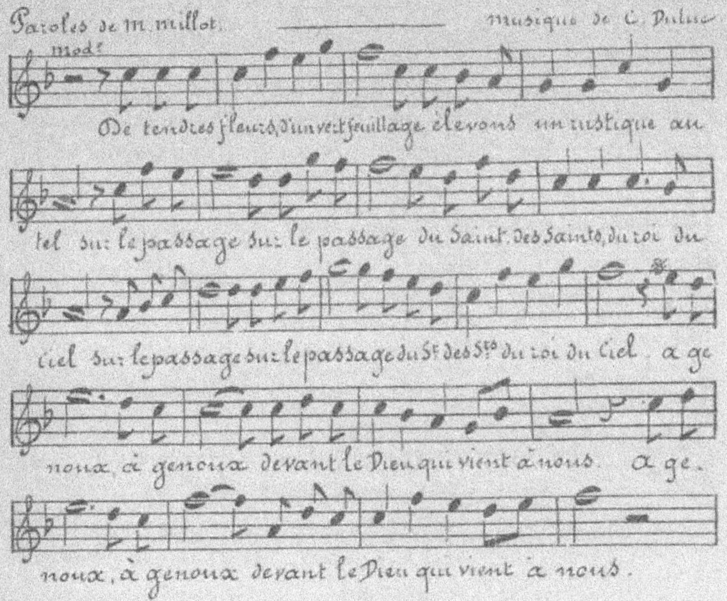

Sur l'autel devenu son siége,

Il monte : la foule en chantant,

pieux cortége,

Dit la gloire du Tout-Puissant.

* à genoux

———

Il a reçu notre prière,

Et son ministre nous bénit

Au nom du Père

Et du Fils et du Saint-Esprit.

* à genoux.

Les devoirs.

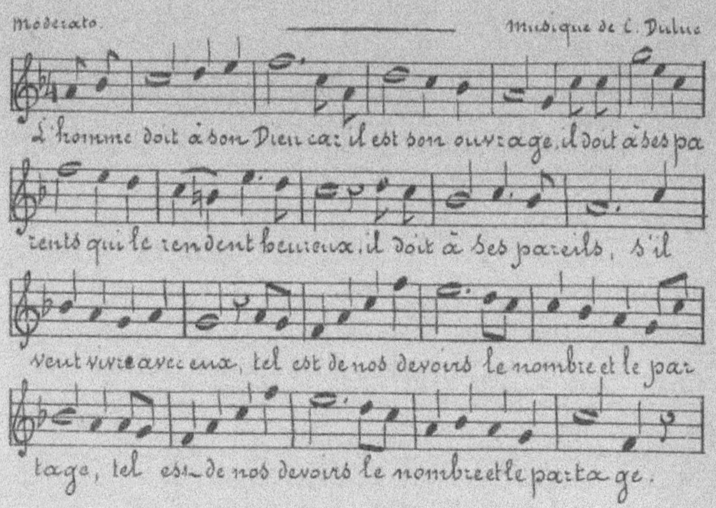

Dieu sait ce qu'il nous faut ; prions le donc sans cesse,

mais ne formons jamais de téméraires vœux.

Implorons sa bonté ; laissons à sa sagesse

le soin de tout prévoir et de nous rendre heureux.

L'Enfant à son bon ange.

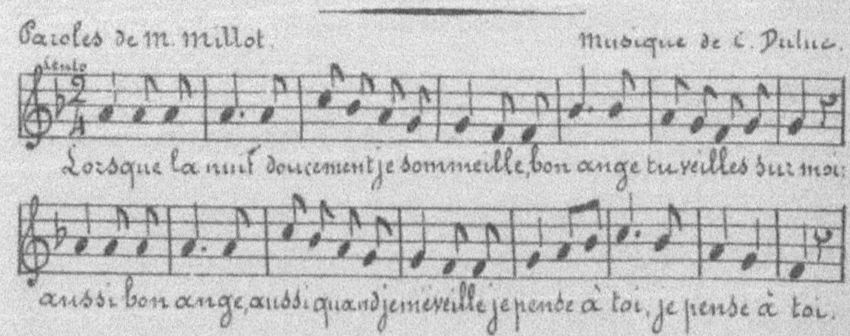

Si j'ai, bon ange, un sourire de ma mère,

c'est que tu lui parles pour moi :

Aussi, le soir, quand j'ai dit ma prière

je pense à toi. (bis)

———

Matin et soir je pense à toi bon ange :

Oui, c'est un bien juste retour

de te donner mon amour en échange

de ton amour. (bis)

———

Prière de l'enfant.

———

Mon Dieu, donne l'onde aux fontaines,

Donne la plume aux passereaux;

et la laine aux petits agneaux;

et l'ombre et la rosée aux plaines.

———

Mets dans mon âme la justice,

Sur mes lèvres, la vérité ;

Qu'avec crainte et docilité,

Ta parole en mon cœur mûrisse.

Partout les premiers.

Paroles de M. Millot ———————— musique de L. Dytus.

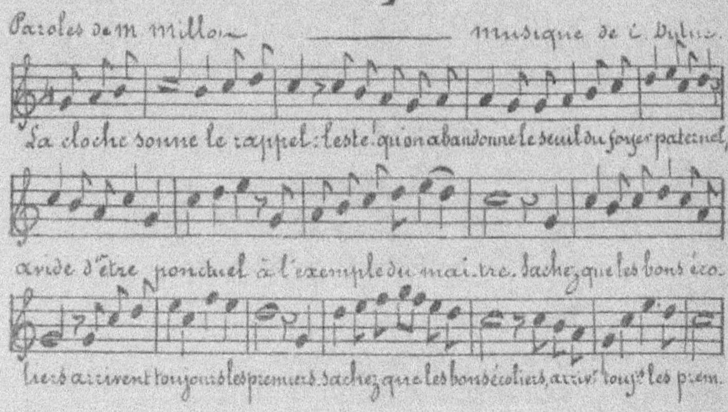

Qu'entrant en classe	Quand sans relâche
prestement	travaillant,
En silence on se place ;	On a fini sa tâche
qu'avec le même empressement	vient l'heure du délassement.
Et sans réplique	Que l'on en use
À l'instant	franchement.
on travaille, on s'applique	franchement qu'on s'amuse
Sachez que les bons écoliers	Sachez que les bons écoliers
à l'étude sont les premiers	Au jeu même sont les premiers.

La prière.

Paroles de M. Millot — — — musique de Sturm

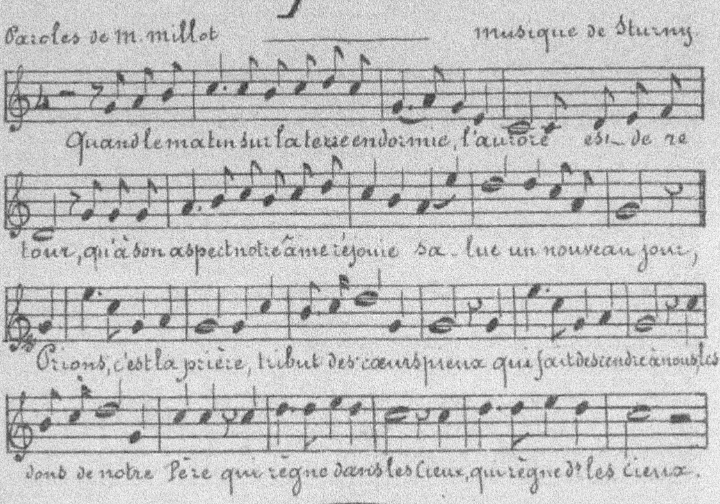

Lorsque la nuit au jour vient mettre un terme

un terme à nos travaux

que sur le soir notre œil lassé se ferme

avide du repos &

———

C'est Dieu qui donne au ciel sa voûte pure;

prodigue de ses dons,

C'est lui qui donne à nos prés leur verdure

à nos champs leurs moissons

———

Lui seul, il peut donner l'intelligence

à l'enfant studieux

Et la vertu qui, plus que la science,

a du prix à ses yeux ;

De nos parents, si l'active tendresse,

pourvoit à nos besoins,

La même main soutiens — notre faiblesse

et couronne leurs soins ;

Guerre aux hannetons !

Paroles de M. Millot. ————————— musique de C. Duluc.

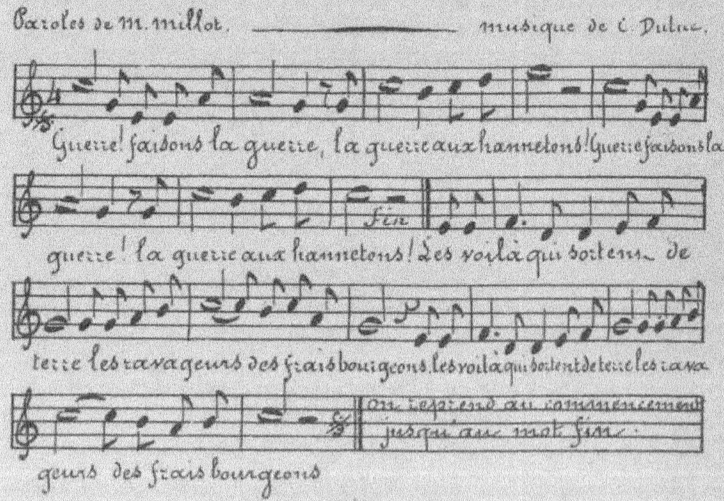

Vite !

courons sus vite !

sus vite aux ravageurs !

Point de relâche à la poursuite

de l'ennemi des belles fleurs. (vite)

La prière du soir.

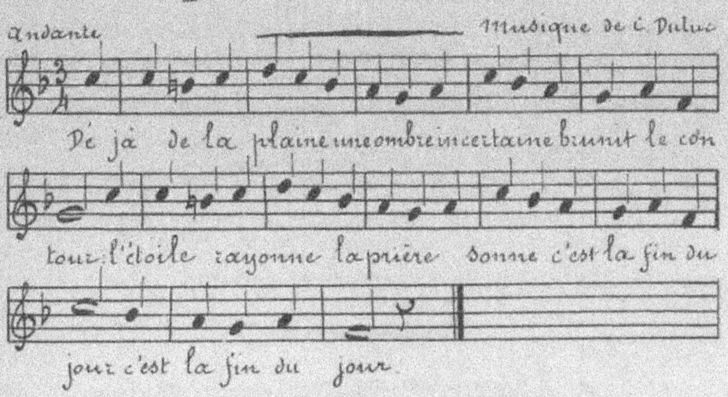

Du jour qui s'efface	La nuit est tranquille
Dieu, je vous rends grâce	pour l'enfant docile
Ce soir, à genoux.	Dieu ferme ses yeux.
Que demain l'aurore	Et l'ange qui veille
Nous ramène encore	chante à son oreille
un bienfait de vous (bis)	un concert des cieux (bis)

La maisonnette.

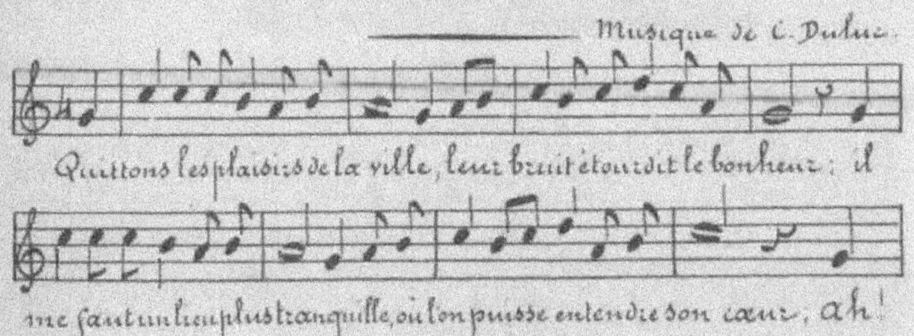

J'y voudrais un épais ombrage
Des gazons, des fleurs, un ruisseau
Un vieux tilleul dont le feuillage
Sur un banc tombât en berceau.
Les dieux, amis de la retraite
De tous leurs charmes, à ma voix,
Embelliraient la maisonnette,
La maisonnette dans les bois.

Le nid de fauvette.

Musique de E. Duluc

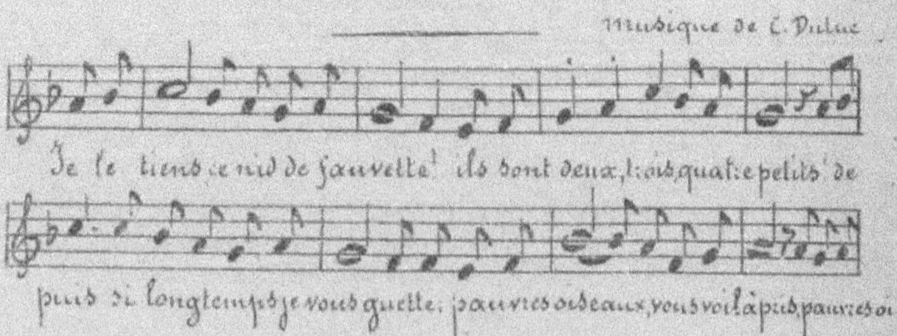

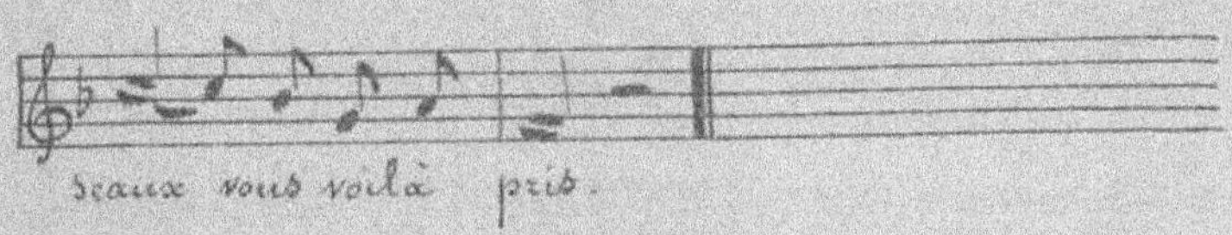

Criez, sifflez, petits rebelles,
Débattez-vous; Oh! c'est en vain:
Vous n'avez pas encore d'ailes,
Comment vous sauver de ma main!

———

Mais, quoi, n'entends-je point leur mère,
qui pousse des cris douloureux?
Oui, je le vois, oui c'est leur père
qui vient voltiger auprès d'eux.

———

Hélas, si du sein de ma mère,
un méchant venait me ravir,
Je le sens bien, dans sa misère,
elle n'aurait plus qu'à mourir.

———

Et je serais assez barbare,
pour vous arracher vos enfants!
Non, non, que rien ne vous sépare,
non, les voici, je vous les rends.

Jeudi!

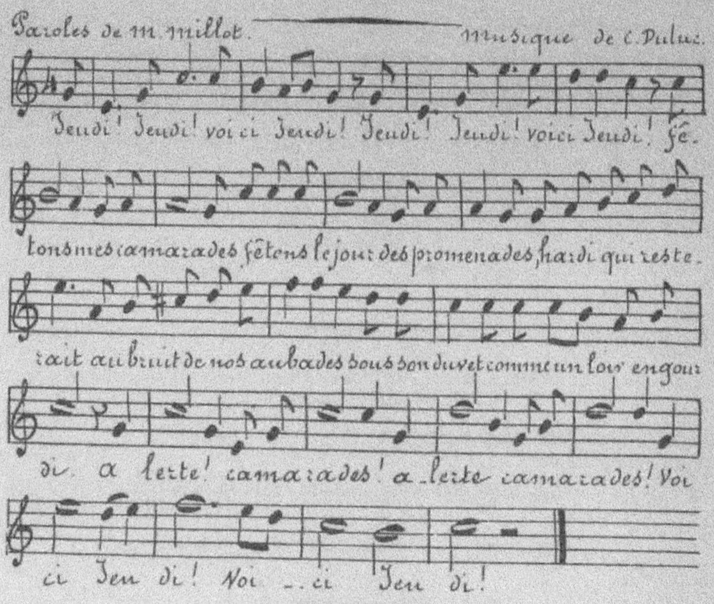

Livret.

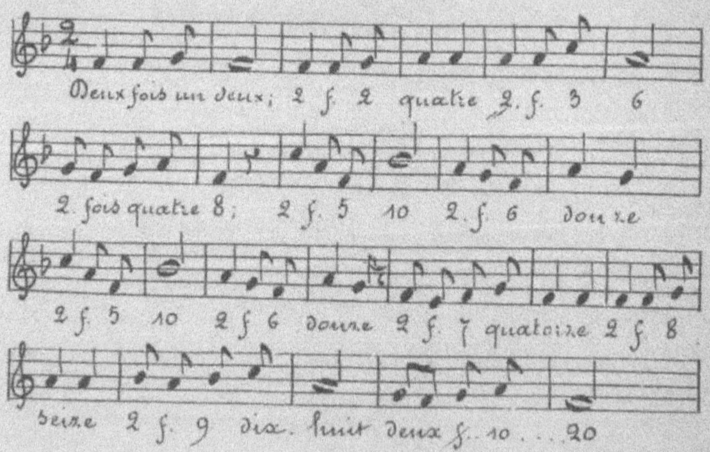

Deuxième partie.
Plain-chant.

1re Leçon.

Notation.

1. Qu'est-ce que le Plain-chant ?

Le Plain-chant est une musique grave consacrée aux offices divins.

2. Quelles sont les figures employées dans la notation du plain-chant ?

Ces figures sont au nombre de sept :

1° les notes ; 2° la portée ; 3° les clefs ; 4° les barres ; 5° le guidon 6° le bémol ; 7° le bécarre.

Notes. (1)

3. Quelles sont les figures de notes ?

Ces figures sont au nombre de quatre :

1° la longue ou maxime ■■ qui vaut trois carrées ;

2° la note à queue ■ qui vaut deux carrées ;

(1) Pour les définitions voyez la 1re partie

3° La carrée ou brève ou commune ■

4° la semi-brève ou losange ◆ qui n'est qu'une note de passage.

4. Doit-on donner à ces notes une valeur exacte comme on le fait en musique ?

Il ne faut pas mesurer le plain-chant ; on chante les carrées sans précipitation et on appuie un peu sur les notes à queue.

Portée.

5. Combien y a-t-il de lignes dans la portée employée en plain-chant ?

La portée ne renferme que 4 lignes.

Clefs.

6. Combien y a-t-il de clefs en plainchant ?

Il n'y a que deux clefs :

1° la clef de DO qui se place sur la 2°, la 3° et la 4° ligne

2° la clef de FA qui se place sur la 2° et la 3°. [1]

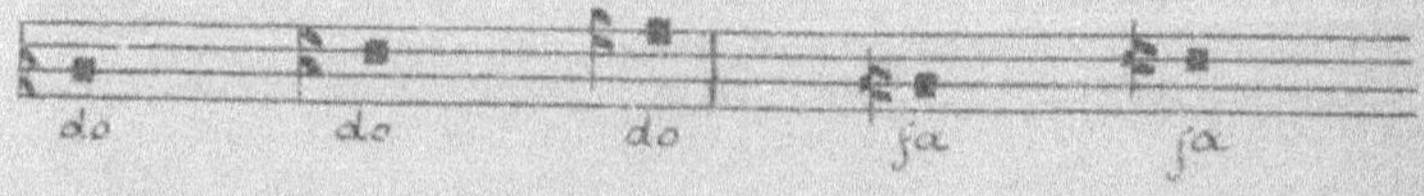

[1] Le maître fera remarquer aux élèves que la clef de do 4° ligne et la clef de fa 2° ligne indiquent les mêmes notes

Les élèves copieront ce qui suit :

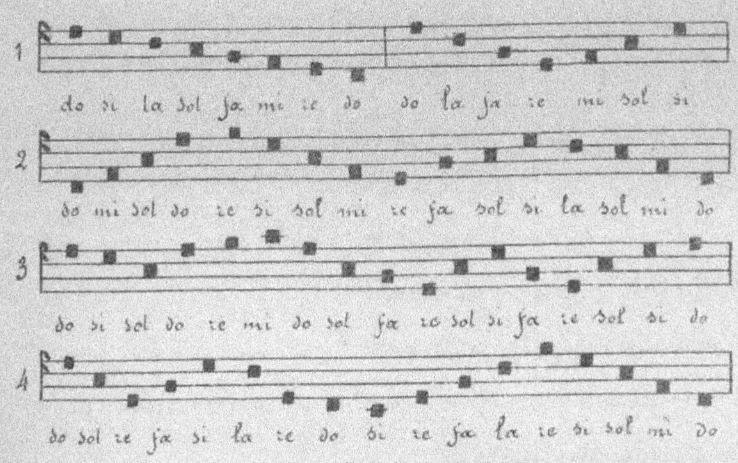

2ᵉ Leçon.

Notation (suite)

Barres.

1. Qu'est-ce qu'une barre ?

C'est une ligne verticale qui coupe la portée et qui sert à marquer les repos.

2. Combien y a-t-il d'espèces de barres ?

Il y en a 3 :

1° les deux barres, qui se placent ordinairement à la fin d'un morceau.

2° la grande barre qui indique un repos bien prononcé ;

3? La petite barre, qui sépare les phrases, et marque un repos très court.

barres

Guidon

3. Qu'est-ce que le guidon?

C'est une petite note que l'on met à la fin d'une portée pour indiquer la première note de la portée suivante.

Les élèves nommeront les notes suivantes:

3ᵉ Leçon.

Notation (suite).

Bémol

1. Qu'est-ce que le bémol ?

Le bémol ♭ est un signe que l'on met devant
la note SI pour la baisser d'un demi-ton.

2. Dans quel cas bémolise-t-on la note SI ?

Pour éviter la quarte **FA-SI** qui est rejetée du
plain-chant à cause de sa dureté.

Bécarre.

3. Qu'est-ce que le bécarre ?

Le bécarre ♮ est un signe que l'on place quelquefois
devant la note Si pour la remettre dans son ton
naturel.

Dièse

Le dièse peut-il être employé dans le plain-chant ?
Le dièse ♯ ne doit jamais être employé dans le
plain-chant grégorien ; cette règle n'a aucune
exception ; introduire des altérations dans le plain-
chant, c'est le dénaturer entièrement.

Les élèves copieront ce qui suit—

4ᵉ Leçon.

Intervalles.

1. Quels sont les intervalles employés dans le plain-chant ?

Les intervalles employés dans le plain-chant sont :

1° la seconde mineure (demi-ton) (1)

2° la seconde majeure (ton)

3° la tierce mineure (ton et demi)

4° la tierce majeure (2 tons)

5° la quarte juste (2 tons et demi)

6° la quinte juste (3 tons et demi)

(1) Voir la 1ᵉ partie

Les élèves nommeront les notes suivantes.

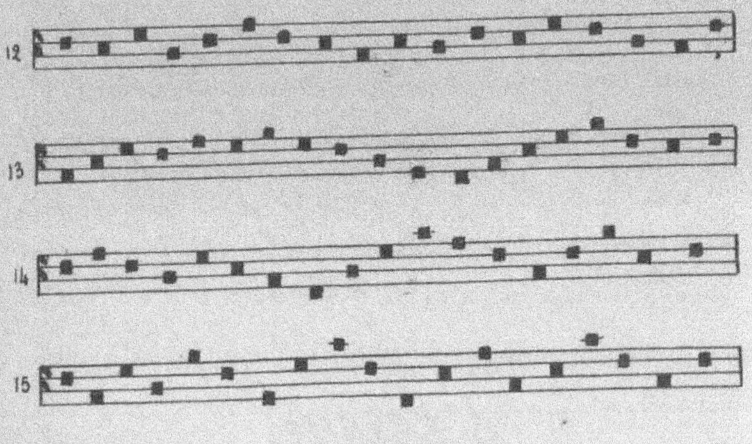

5.e Leçon.

Modes.

---

1. Qu'est-ce qu'un mode ?

En plain-chant, on appelle mode ou ton, une série

de huit notes dans laquelle il y a toujours 5 tons

et 2 demi-tons.

2 — Comment divise-t-on les modes ?

En modes authentiques et modes plagaux.

3 quels sont les modes authentiques ?

Ce sont ceux qui sont désignés par les chiffres impairs

c'est-à-dire le 1er, le 3e, le 5e, le 7e, le 9e, le 11e et le 13e.

4. Quels sont les modes plagaux ?

Ce sont ceux qui sont désignés par les chiffres pairs,
c'est-à-dire le 2.e, le 4.e, le 6.e, le 8.e, le 10.e, le 12.e et le 14.^e

5. Combien y a-t-il de modes ?

Il y a 14 modes dont 7 authentiques et 7 plagaux.

6. Ces 14 modes sont-ils tous employés ?

L'onzième n'est pas usité.

———

Les élèves copieront ce qui suit.

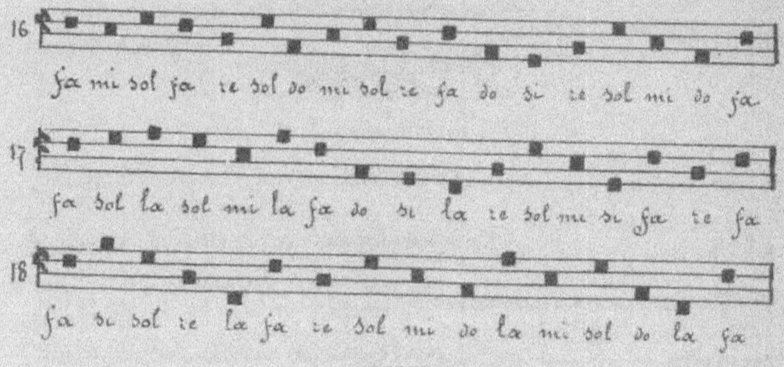

6.e Leçon.

Dominantes

———

1. Comment distingue-t-on les modes les uns des
autres ?

Par la finale et la dominante.

2. Qu'est-ce que la finale ?

C'est la 1re note de l'échelle dans le mode authentique et la 4e dans le mode plagal.

3. Qu'est-ce que la dominante ?

C'est la note autour de laquelle roule la mélodie.

4. Comment trouve-t-on la dominante ?

Dans les tons authentiques, la dominante est la quinte de la finale ; dans les tons plagaux elle est à une tierce au dessous de la dominante du mode authentique correspondant.

5. N'y a-t-il pas une exception à cette règle ?

Si d'après la règle précédente, on trouve la note Si qui ne peut être finale ni dominante, on la remplace par Do ; c'est ce qui a lieu pour le 3e et le 8e ton.

Les élèves nommeront les notes suivantes :

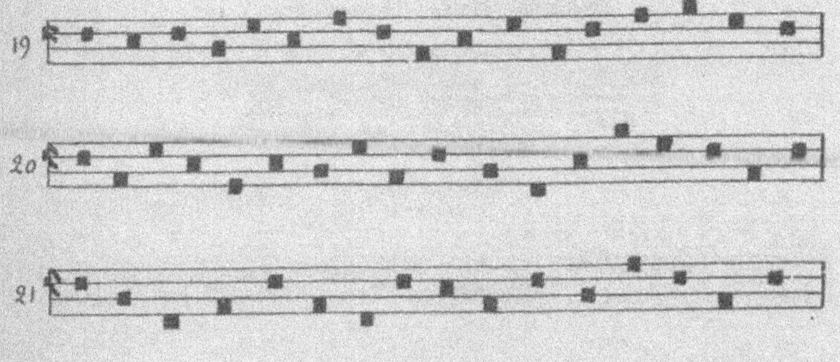

Echelle du 1ᵉʳ mode

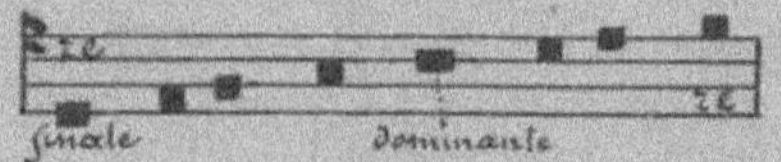

Echelle du 2ᵉ mode

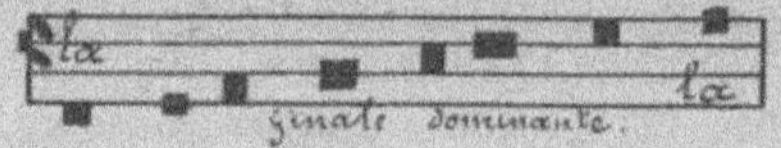

Exercices

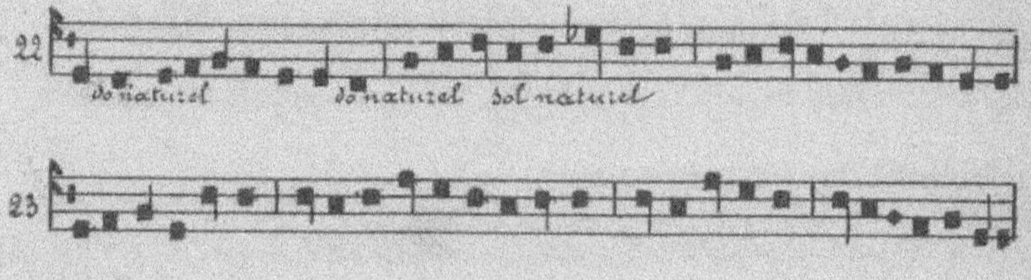

Echelle du 3ᵉ mode

Echelle du 4ᵉ mode

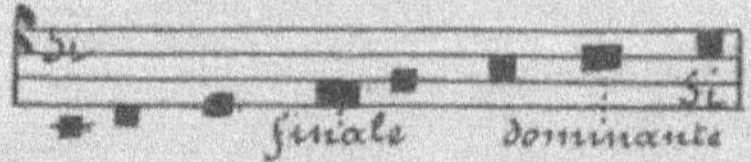

Exercices

Echelle du 5ᵉ mode

Echelle du 6ᵉ mode

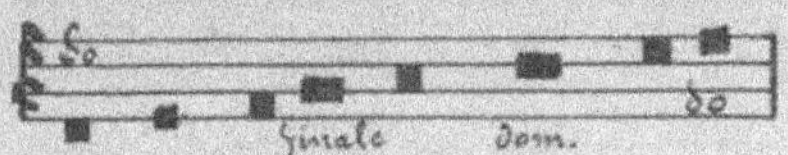

Exercices.

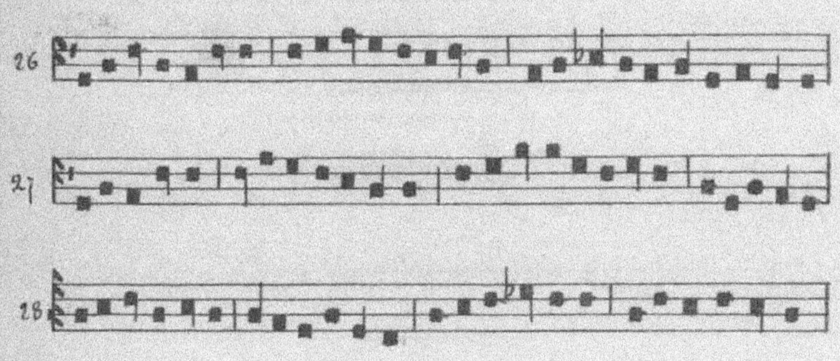

Echelle du 7ᵉ mode

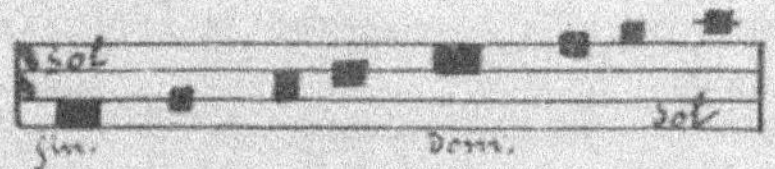

Echelle du 8ᵉ mode

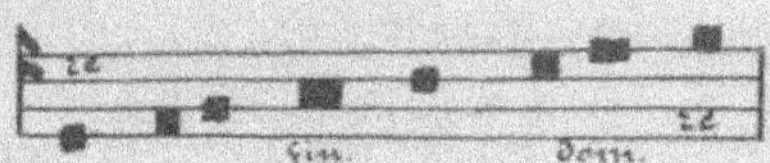

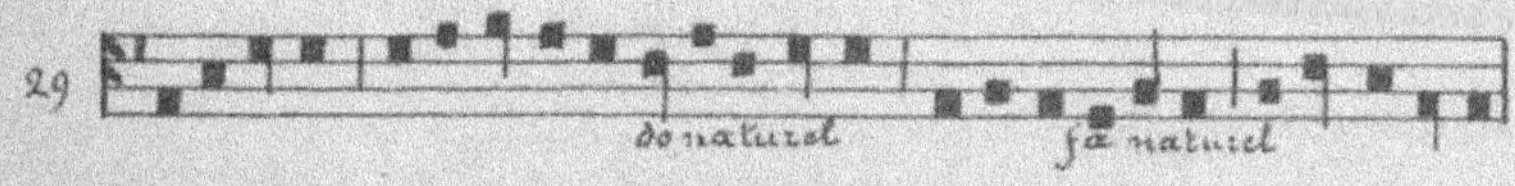

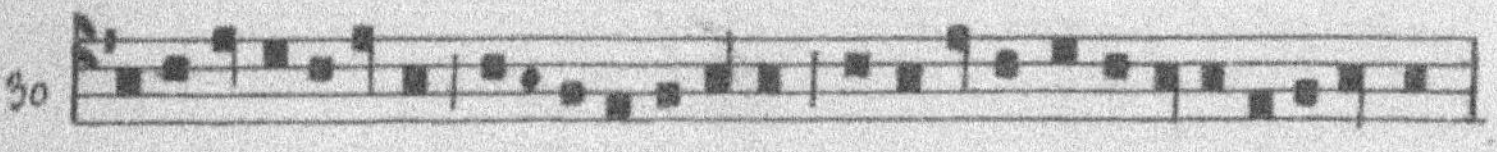

Les élèves copieront ce qui suit.

7ᵉ Leçon.

Psalmodie.

1. Qu'est.ce que la psalmodie ?

La psalmodie est la manière de chanter les psaumes.

2. Comment les psaumes sont ils divisés ?

Les psaumes sont divisés en un certain nombre
de parties appelées versets.

3. Que remarque.t.on dans le 1ᵉʳ verset d'un psaume ?

On remarque 4 parties : 1° l'intonation ; 2° la dominante
ou teneur ; 3° la médiation ; 4° la finale.

4. Par quel signe indique t.on la médiation ?

Par une étoile (*)

5 _ Fait-on l'intonation dans tous les versets d'un psaume?

L'intonation ne se fait qu'au 1er verset _ excepté dans les cantiques Magnificat _ et Benedictus.

Les élèves nommeront _ les notes suivantes.

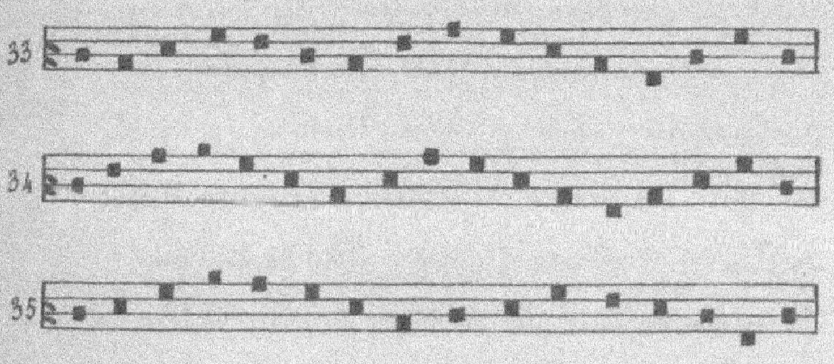

8e Leçon.

Accentuation.

1. En chantant les psaumes doit-on faire sentir les syllabes longues et les syllabes brèves?

Oui.

2 _ Comment reconnaît-on les syllabes qui doivent
être longues ?

Les syllabes longues sont _ celles qui sont surmontées
d'un accent _.

3 _ Toutes les syllabes longues sont-elles accentuées ?
Dans les mots de deux syllabes (potens, terra, etc.)
la 1re est _ toujours longue quoiqu'elle ne porte pas
d'accent _.

4 _ Comment doit-on chanter le Gloria Patri ?
Aux fêtes doubles de 1re et de 2e classe, le Gloria Patri
prend l'intonation ; aux autres fêtes il se chante un
peu plus lentement _ que les autres versets.

5 _ Comment divise-t-on les fêtes ?
On divise les fêtes de la manière suivante : 1° fêtes
doubles de 1re classe ; 2° fêtes doubles de 2e classe ;
3° doubles majeures ; 4° doubles ; 5° semi-doubles ; 6°
simples.

Récapitulation.

37
2e
38
3e
39
4e
40
5e
41
6e
42
7e

43
8.e
9.e
44
10.e
45
12.e
46
13.e
47
48
FIN.